찐 리더십
딱 마케팅

찐 리더십
딱 마케팅

형민진 지음

봄봄
스토리

CONTENTS

PART 02. 딱 마케팅

PROLOGUE

한여름 밤의 하늘엔 수많은 별들이 빛나고 있다. 하지만 밤하늘에 빛나는 별이라고 다 같은 것은 아니다. 진정한 의미의 별은 항성으로 제 자리에서 계속 빛나고 있고, 항성의 주변을 돌고 있는 행성도 있다. 별은 고유의 중력이 있으면서 동시에 행성을 끌어당기는 인력도 갖고 있다. 이 중력과 인력의 작용으로 우주의 균형이 유지된다.

인간사회에서도 반짝이는 별이 있다. 대중들의 마음속에서 반짝반짝 빛나는 존재, 이름하여 스타(Star)들이다. 최근 우리 사회에서는 광풍이 휘몰아치듯 시대를 뒤흔든 많은 별들이 탄생했다. 바로 트롯 경연을 통해 별처럼 우리 곁에 다가온 '트롯맨'들이다. 그들은 힘든 시기를 어렵게 이겨내고 있는 우리들에게 사랑과 희망을 선사했다. 그 중에서도 유난히 빛나는 존재가 있었다. 특히 리더십과 마케팅의 모범사례가 있었으니, 바로 '영탁'이다. 그는 혜성처럼 불쑥 나타나 아침하늘의 샛별처럼 반짝반짝 빛나고 있다. 물론

제자리에서 꾸준히 빛나고 있었을 것이다. 다만 우리가 그 빛나는 존재를 잘 몰랐을 뿐이다. 그는 어느덧 가요계를 뛰어넘어 연예계를 아우르는 존재가 되어 가고 있다. 중력과 인력이 상호작용하여 우주의 균형이 유지되는 것처럼, 영탁 또한 적절한 균형을 유지하며 모두가 행복한 방향으로 사회 전체를 디자인하는 것처럼 보인다. 그러면 과연 균형과 행복을 디자인하는 힘의 원천은 무엇일까?

현대 사회를 대표하는 가장 익숙한 단어가 바로 '4차산업 시대'이다. 정보통신기술을 응용하여 지식집약적 초스피드 사회로 발전하는 현상을 그렇게 표현한 것이다. 겪어보지 못한 전혀 새로운 시대이다. 기존의 발전들과 구별하기 위해 '혁명'이란 단어까지 동원하여 그 충격을 반영하기도 한다. 이러한 '4차산업혁명'의 시대에 꼭 필요한 필수 아이템이 두 가지가 있다. 하나는 '리더십'이고 나머지는 '마케팅'이다. 이 두 가지가 잘된 만남을 통해 화학반응을 일으킬 때, 비로소 기술과 인간성이 조화를 이룬 완성된 사회가 가능할 것이다.

일반적으로 사회를 이끌어 나가는 힘을 '리더십'이라고 한다. 우주의 균형이 외부의 힘이 없더라도 자연스럽게 유지되듯, 우리 사회를 자연스럽게 이끄는 힘이 바로 리더십이다. 복잡다단한 지금이야말로 리더십이 필요한 시대이다. 물론, 스타와 리더십의 조합이 어색한 측면이 있긴 하다. 하지만 최근 성공궤도에 진입하여 활발하게 활동하고 있는 '대세남' 영탁의 사례를 보면 이야기가 달라진다. 새로운 시대에 맞는 소통과 열정의 리더십 역량이 자양분이 되어 마침내 성공이라는 꽃을 피웠기 때문이다.

새로운 시대에 필요한 또 다른 아이템이 바로 '마케팅'이다. 경제활동이 없는 자본주의란 상상하기 어려운데, 경제활동의 거의 모두가 마케팅 활동이라고 할 수 있다. 어느 분야든지 마케팅을 빼고서는 설명하기 힘든 세상이다. 마케팅의 관점에서 봤을 때 영탁의 연예계 활동은 거의 교과서라 할 수 있다. 무명 가수에 불과하던 개인 영탁의 눈부신 성장 이면에는 마케팅의 전 과정이 유기적으로 작용했음을 확인할 수 있다. 그는 4차산업시대의 기술과 소통채널을 활용하여 독특한 자신만의 길을 만들어왔다. 그리고 쉼 없는 마케팅 활동으로 지속가능한 성장을 이어나가고 있다. 그러한 영탁의 성장 과정들이 일곱 가지로 예를 든 본문 속 마케팅 법칙에 알알이 녹아 있다.

이 책이 나오기까지 고심도 많았다. 특정 인기 연예인에 편승하거나 미화하려는 것처럼 보일 수도 있기 때문이다. 최근 대세남으로 등극한 영탁을 통해 현대 사회에 필요한 리더십과 마케팅 포인트를 찾아보자는 차원에서 시작했다. 그리하여 기술의 발전 속도에 비해 중요성이 반감된 인간성을 회복하고 따뜻한 사회를 만드는데 일조하고자 용기를 낸 것이다. 또한 스타에 대한 팬덤현상이 단순한 일회성 행사에 그치지 않고 긍정적 에너지를 공유하고 확산시키는 계기가 되었으면 한다. 이는 스타와 팬의 선한 영향력을 통해 각박한 사회를 따뜻하게 만드는 선순환의 과정이기도 하다.

　이 한 권의 책이 사랑과 희망이 넘치는 사회를 만드는데 조금이나마 보탬이 되길 소심하게 기대해 본다. 이렇게 간결하고 소박한 내용이 책으로 빛을 보는데 영감과 용기를 주신 많은 분들에게 진심으로 감사의 마음을 전한다. 또한 아름다운 세상을 이야기하는 봄봄스토리 출판사에도 응원의 박수를 보낸다.

짧지만 아름다운 밤에

臥龍亭에서

형 민 진

리더십과 마케팅, 그 둘의 잘된 만남

2020년 상반기를 대표하는 두 단어가 있다. 다름 아닌 '미스터트롯'과 '코로나19'이다.

2019년의 〈미스트롯〉 경연에 이어 2020년 새해 벽두부터 〈미스터트롯〉 경연프로그램은 태풍이 되어 방송계를 강타했다. 이미 10년 전에도 뉴트로 열풍이 휩쓸고 간 적이 있었다. 풋풋하고 신선한 신인들과 퓨전화된 감각적인 리듬으로 트롯은 올드한 이미지를 새롭게 메이킹 했었다. 그리고 10년 후에 다시금 제2의 부흥기를 맞이했다. 또 다시 타오르고 있는 트롯 열풍은 블랙홀처럼 모든 장르를 빨아들이며 한 시대를 흔들었다. 그 여파는 지금도 가라앉지 않고 다양한 방식으로 확대 재생산되고 있으며 흥행의 보증수표가 되어 승승장구하고 있다.

그동안 여러 방송사에서 트롯을 매개로 한 프로그램들이 많았고, 경연 형식 또한 새로운 것은 아니었다. 하지만 TV조선의 〈미스터트롯〉은 전작인 〈미스트롯〉 보다 내용과 형식 모두에서 더욱 세련되었고, 긴장감 있는 구성으로 시청자들의 관심을 끌기에 충분했다. 급기야 35.7%로 자체 시청률 신기록을 경신하며 한 시대를 풍미했다. 참가자들의 실력은 물론이고 개개인의 인생스토리는 손에 땀을 쥐고 보는 한 편의 드라마였다. 온 국민은 3개월 동안 매주 목요일 밤마다 정성 가득한 선물을 받은 것이다. 단 하나의 프로그램이 해당 방송사의 운명을 바꿨다고 하니 놀라울 따름이다. 게다가 SNS를 통해 다양한 방식으로 볼 수 있는 환경 덕분에 여진은 계속되고 있다.

  2019년 말 중국에서 시작하여 전 세계를 강타한 '코로나바이러스'는 처음엔 그저 유행성 독감 정도로 인식되었다. 하지만 방심하는 사이에 전 지구로 확산되었고, 그 파급력은 그야말로 핵폭탄급이었다. 그리하여 시간이 멈춘 듯, 2020년의 봄은 우리 기억 속에서 통째로 사라졌다. 벚꽃은 흐드러졌고 아카시아 꽃도 때맞춰 피었다. 하지만 꽃에는 향기가 없었고 벌들도 외면했다. 그리고 마스크에 가려진 사람들의 얼굴에는 웃음도 없었다. '코로나19'는 기존의 감염병인 사스, 메르스와는 비교할 수 없는 팬더믹(대유행)으로 전 지구를 얼어붙게 만들었다. 그리고 현재 진행형으로 여전히 인간 세상을 짓누르고 있다. 전 세계적으로 50만 명 이상이 사망했고, 천만 명이 넘은 사람이 감염되었다. 더욱 더 치명적인 것은 잠재된 감염 공포였다. 인류는 지금까지 경험하지 못한 세상을 맞이했고, 재난소득지원금이란 극약처방까지 최초로 시행된 바 있다. 사회문화적으로 사람들 간의 직접적 관계가 단절되고 비대면문화가 자리잡게 되었다. 감염병의 전파를 막기 위해 사람이 모이는 게 금지되자 문화계, 특히 공연계는 거의 사망선고 수준이었다. 하지만 역설적이게도 온라인으로 중심축이 이동하여 성장세가 뚜렷했고, 4차산업시대의 새로운 기술이 정착하는 전환점이 되기도 했다.

  2020년 3월 경, 〈미스터트롯〉 경연이 끝나자 수상자들은 전국순회공연을 준비하고 있었다. 입장권은 순식간에 전 일정이 매진되었고 흥행이 보장되는 듯했다. 하지만 코로나의 지속으로 현장 공연이 세 차례나 연기되었고, 앞으로도 기약이 없다. 외부활동이 불가능한 사회적 상황에서 다행히 각종 TV프로그램을 통해 트롯맨들의 활동은 이어지고 있다. '흥행 마중물', '시청률 소생기' 등의 애칭이 붙을 만큼 그들의 존재감은 빛났다. 트롯맨들이 출연하기만 하면 거의 모든 프로그램이 최고의 시청률 신기록을 세웠다. 단순히 경연 출신 트롯가수에서 최고의 흥행 아이콘으로 자리매김한 것이다. 이와 함께 팬덤층 또한 경쟁적으로 만들어지고 확실하게 자리를 잡았다. 거의 아이돌급 수준으로 발전한 팬덤 덕분에 트롯맨들의 생활자체가 화젯거리가 되기에 이르렀다. 코로나로 힘들고 지친 현실에 단비처럼 찾아온 그들은 어느덧 밤하늘에 빛나는 별들처럼 진짜 스타가 되었다. 그리고 팬들의 마음속에서 희망으로 반짝이고 있다.

그 중에서도 일등성의 별처럼 더욱 빛나는 스타가 있었으니, 바로 15년의 무명을 딛고 불쑥 튀어나온 영탁이다.

트롯이란 미풍에다 개인의 역량을 가미하여 태풍으로 만들었고, 급기야 우울한 이 시대에 한줄기 빛처럼 더욱 빛나고 있다. 현재 그는 트롯을 뛰어 넘어 연예계의 모든 분야에서 '대세남'으로 자리 잡아 많은 관심과 사랑을 받고 있다. 과연 그만의 성공과 퀀텀 점프(대약진)의 비결은 있는 것인지, 있다면 무엇인지 몹시 궁금하지 않을 수 없었다. 그 원인을 찾던 중 두 가지의 핵심 요소가 발견되었다. 바로 '리더십'과 '마케팅'이다.

이제 본격적으로 '리더십'과 '마케팅'이란 두 가지 요소가 어떻게 만들어지고 작동하여 한 개인을 스타의 반열에 오르게 했는지 살펴보려 한다. 그리하여 4차산업시대를 살아가는 우리들에게 어떤 교훈을 주는지 찾아보려고 한다. 참으로 흥미롭고 유익한 여정이 될 것이다.

PART 01
찐 리더십

REAL LEADERSHIP

LEADERSHIP

영탁이
완전 찐이야

리더십이란 무엇인가.

국어사전에서 "리더십"이란 '무리를 다스리거나 이끌어 가는 지도자로서의 능력'이라고 정의하고 있다. 여기에 '집단, 조직 활동을 촉진하고 목적을 달성하는데 필요한 중심적인 힘', 또는 '조직이나 집단의 공통 목표를 달성하기 위해 집단 구성원들이 목표 지향적인 행동을 하도록 상호작용을 돕는 지도자의 영향력 있는 행동'이라 덧붙이고 있다.

[네이버 지식백과] 지도성 [leadership, 指導性]
(상담학 사전, 2016. 01. 15., 김춘경, 이수연, 이윤주, 정종진, 최웅용)

리더십은 왜 필요한 것일까. 시대를 불문하고 리더십은 구성원들의 결집되지 않은 의견이나 입장을 조율해 한 곳으로 모아, 목표한 바를 이루고자 하는 추진력을 얻어낸다. 리더가 없는 곳에서는 소모적인 갈등과 충돌이 끊이질 않아 집단은 목표를 향해 나아가지 못한다.

리더십은 모든 분야에서 구성원의 힘을 결집시켜서 목표에 집중하게 만든다. 작게는 가정 내에서부터 크게는 한 국가의 운명을 좌우하는 중요한 요소이다. 리더십이 없다면 모든 구성원들이 열심히 노력해도 제자리를 맴돌거나 방향을 잘못 잡아 산으로 가고 말 것이다.

리더십은 때와 상황에 따라 변한다. 그 리더십은 시간이 흐르면서 어떻게 변해 왔는지. 간략하게 시대 별로 변화 과정을 살펴보자. 먼저 산업화 시대에는 중앙집권적인 방식으로 리더십이 발휘되었다. 이후 사회 구성원들의 의견이 폭넓게 채택되기 시작한 민주화 시대가 되면서는 지방분권

형 리더십으로 변모했다. 최근에 들어서면서 중앙과 지방
은 상호 협력하는 시대로 발전해 왔다. 커뮤니케이션 방식
도 상명하달에서 하명상달로, 그리고 상호 커뮤니케이션
하는 방향으로 발전해 왔다. 교육계 역시 전문성의 경계를
허무는 복합 학과들이 대거 등장하여 여러 사회현상과 다
양한 사고방식을 다루려는 노력을 하고 있다. 사회 전체가
조화를 통해 통합을 극대화하는 방향으로 발전한 것이다.

　리더십 유형 또한 이런 사회 변화에 발맞춰 변해 왔다.
자동차에 비유하면 앞에서 끄는 전륜구동에서 뒤에서 밀어
주는 후륜구동 방식으로 변했다. 그러다 마침내 더 큰 힘을
발휘할 수 있는 협력과 융합의 사륜구동 단계로 발전했다.

　지금의 세상은 디지털 시대를 넘어 최첨단의 4차산업시
대에 진입했다. 빅데이터와 인공지능의 활용으로 정보처
리의 양과 질이 눈부시게 발전하고 있다. 사람들은 빠르

고 복잡할 뿐 아니라 엄청나게 많은 양의 정보를 응용하고 판단해야 하는 초고속사회에 적응하느라 벅차다. 인간다운 감성이 배제되고 소통채널은 많으나 진심이 소외되고 만다. 그리하여 기계화된 사회일수록 섬세한 관심과 배려의 리더십이 요구되고 있다. 첨단기술과 정보의 홍수 속에서 소외되고 메마른 인간성을 보듬어주고 감싸주는 훈훈한 리더십이 필요해진 것이다. 자연스럽게 수평적이고 다양성을 존중하는 따뜻한 리더가 각광 받게 되었다. 균형적인 리더십, 즉 상대방과 전체를 고려하면서 소통하고 배려하는 섬세한 리더십이 요구되는 시대이다.

최근 리더십에 관한 영탁의 일화가 소개되었다. 그는 초등학교부터 고등학교까지 12년 동안 반장을 도맡았다고 한다. 별명이 '반장탁'이었다고 하니 리더로서의 자질은 삶의 일부분이었던 것 같다. 정작 자신은 '흥도 많고 즐거워서 반장으로 뽑아준 것'이라고 대수롭지 않게 말했다. 사실 리더가 된다는 것은 보기와는 달리 귀찮고 피곤한 일이다. 특히 학창시절 내내 궂은 일을 도맡아 처리하기란 결코 쉽지 않다. 하지만 그러한 경험들이 쌓여 리더십을 갖춘 연예계의 스타가 탄생된 것으로 유추해 볼 수 있다. 영탁의 성장 과정과 지금의 놀라운 모습을 설명하는데 리더십을 빼고는 불가능하다.

그럼 이제부터 본격적으로 현대 사회에서 필요한 리더십 유형을 7가지로 정리해 볼까 한다. 그리고 그 유형들이 어떻게 영탁의 성공적인 삶과 연관성을 가지고 있는지 살펴보고자 한다.

LEADERSHIP

일곱 빛깔
무지개 리더십

이번 장에서는 7가지 리더십을 무지개 빛깔로 표현하여
살펴보고자 한다.

01 RED

열정
리더십

'라이언 킹'이란 이름에 걸맞게 사자는 초원의 왕으로 불린다. 상대가 될 만한 적수가 없지만 사냥을 할 때면 표정이 자못 진지하게 바뀐다. 아무리 작고 빠르지 못한 토끼를 사냥하더라도 대충 건성으로 대하지 않고 전력을 다한다. 자신의 일에 전력을 다해 몰입하는 자세는 프로의 경지에 오른 사람들에게서 찾아볼 수 있다. 어떤 분야든지 리더가 되기 위해서는 자기분야에 남다른 열정이 있어야 한다. 열정은 리더가 갖춰야 할 필요충분조건이다.

열정이 넘치는 프로답게 영탁은 때와 장소를 가리지 않고 진정성 있는 자세로 임한다. 노래를 부를 때나 후배들을 코치할 때는 물론이고, 드라마 연기에서도 상황에 맞게 몰입한다. 평소에는 해맑은 옆집 오빠처럼 친근하다가도 곡을 지도할 때는 무서울 만큼 진지하다. 광고에서 제품은 안 보이고 모델만 기억되는 경우가 많다. 하지만 영탁은 광고를 찍을 때면 거의 빙의가 되어 몰입한다. 모델 영탁과 제품은 자연스럽게 하나가 된다. 그리고 SNS를 통해 팬들에게 자신의 일상을 공개하는 일에도 소홀히 하지 않는다. 열정으로 똘똘 뭉친 활화산 같은 삶의 단면들이다.

영탁의 열정은 특히 전염성이 강하다. 그리하여 주변 사람들은 물론이고 시청자들도 열정 바이러스에 집단으로 감염된다. 그의 지치지 않는 열정과 친화력에 끌려 친구가 되고 어느새 열렬한 지지자가 된다. 영탁을 알게 되고, 끌리고, 마침내 팬이 되어가는 과정은 자동차처럼 오토매틱 시스템이다. 열정은 사람의 마음을 움직이고 사회를 움직이는 에너지의 원천이기 때문이다.

知之者不如好之者,
好之者不如樂之者
(지지자불여호지자, 호지자불여락지자)

"안다는 것은 그것을 좋아하는 것만 못하고,
좋아하는 것은 즐기는 것만 못하다."

– 〈논어(論語)〉 옹야편(雍也篇) 18장

긍정
리더십

컵에 물이 반이 있다. 어떤 사람은 "반 밖에 없다."고 하고 어떤 사람은 "반이나 남아 있다."고 말한다. 남아 있는 가능성을 보고 미래를 낙관적으로 보는 사람을 '긍정주의자'라고 한다. 역사상 인류의 비극은 끝이 없었고 절망의 연속이었다. 하지만 긍정주의자들에 의해 희망 넘치는 곳으로 바뀌었다. 인류는 희망의 역사를 기록해 왔다. 가능성을 보고 희망찬 미래를 그릴 수 있어야 한다. 긍정이 없다면 내일의 태양이 무슨 의미가 있을 것인가.

　영탁은 모 프로그램에서 꿈을 향해 노력하는 사람들에게 "마음속에 창문을 잘 만드셔서 좋은 빛을 받아들이시라."는 조언을 한 적이 있다 그런데 공개된 영탁의 집은 창문이 없어서 낮에도 불을 켜야 하는 지하방이었다. 그런데 자신은 "행복지수가 높기 때문에 이 공간이 만족스럽다."며 행복해 했다. 그런 그의 태도에서 긍정주의자의 참 모습을 발견할 수 있다. 우리는 작은 행복에 만족하지 못하고 남들이 알아주는 더 큰 행복을 추구하곤 한다. 영탁은 작지만 소중한 행복을 찾고 만족할 줄 아는 긍정의 지혜를 우리에게 가르쳐주고 있다.

　또한 그의 언어에서는 부정적인 단어를 찾을 수 없다. 먼저 칭찬하고 인정한 다음에 후배들에게 필요한 충고와 조언을 아끼지 않는다. 그리고 항상 밝은 모습으로 구체적인 가능성을 찾아 긍정의 에너지를 통해 용기를 북돋아주곤 한다. 그의 인스타그램 프로필 문구는 바로 "언젠가 모두 만나게 됩니다."이다. 평소에 얼마나 긍정적인 마인드를 갖고 있는지를 보여주는 짧고 강한 글귀이다.

**Kites rise highest
against the wind,
not with it.**

연은 순풍이 아니라
역풍에 가장 높이 난다.

– 윈스턴 처칠, 전 영국 총리

소통
리더십

개와 고양이의 소통방식은 다르다. 꼬리를 올리는 동작
에서 극명하게 차이가 난다. 그 동작은 개에게는 좋다
는 의미이고, 고양이에게는 싸우자는 표현이라고 한다.
같은 말이라도 상대에 따라 다른 해석이 나오고 오해가
생길 수 있다. 의사소통의 채널이 다양해진 현대이지만
오히려 소통의 문제는 더욱 심각해졌다. 내 말만 쏟아
내고 내 편이 아니면 적대시하는 현상은 곳곳에서 발견
된다. 진정한 소통과 상생이 더욱 중요한 시대이다.

　영탁은 소통에 있어서 탁월한 능력과 재주가 있다. 상대방의 눈높이에 맞춰 상대방의 언어로 소통하면서 충고하고 성원하는 방식은 가히 천재적이다. '여우'란 별명답게, 바쁜 와중에도 팬들과 소통하는 데에도 소홀하지 않는다. SNS(인스타그램, 카페, 블로그, 밴드, 유튜브, 브이로그)가 거의 일상이다. 그의 유튜브인 '불쑥 티비'에서는 일상의 모습이나 커버곡 영상, 촬영 비하인드 등이 수시로 불쑥 올라온다. 데이트 약속시간을 기다리는 연인처럼 팬들을 설레게 만든다. 바쁘게 활동하는 그의 모습들은 거의 실시간 생중계된다. 단순히 관심을 끌기 위해서나 시간이 남아서가 아닐 것이다. 팬들과 수시로 소통하고 피드백 받는 과정을 통해 스스로를 검증하는 것처럼 보인다. 그리고 노래는 물론이고 드라마나 광고, 예능프로를 가리지 않고 수시로 등장하여 팬들과 소통한다. '기승전탁'이란 신조어가 생길만큼 영탁이 어느 한 곳이라도 나와야 하루가 마무리된 듯한 느낌마저 든다. 그는 때와 장소를 가리지 않고 불쑥불쑥 튀어 나와서 소통의 시원한 즐거움을 선사한다.

내가 그의 이름을 불러 주었을 때
그는 나에게로 와서 꽃이 되었다.

….

너는 나에게 나는 너에게
잊혀지지 않는 하나의 눈짓이 되고 싶다.

– 김춘수 〈꽃〉

배려
리더십

〈이솝우화〉에서 여우와 두루미는 먹는 그릇이 다르다. 그들은 상대방을 초대해서는 자신에게 맞는 그릇에 음식을 담아왔다. 상대는 먹을 수 없는 상황이 된 것이다. 각박한 세상을 살다보니 우리는 상대방의 입장에서 생각해 볼 여유를 갖지 못한다. 제로섬 사회에서는 상대방을 이겨야 살아 남는다는 생존 방식에 익숙해져 있다. 하지만 상대를 배려하고 성공하도록 도와주는 것은 결국은 나에게 더 큰 도움이 되어 돌아 온다.

가요에서 코러스는 산소와 같은 소중한 존재이다. 이름도 없고 박수도 못 받지만 적절한 순간에 넣어주는 화음은 음정과 박자를 더욱 풍성하게 하면서 완성도를 높인다. 영탁의 존재를 각인시킨 〈미스터트롯〉 프로그램에서도 그의 배려심은 여실히 드러났다. 선후배들을 적절히 밀고 당기면서 전체적으로 조화를 이루도록 감초 같은 역할을 톡톡히 해낸 것이다. 그에 대해 프로그램 제작진의 매우 감사한다는 얘기를 통해서도 그의 배려심은 충분히 입증되었다.

영탁은 팀 미션에서 맴버의 우선 선택권이 있었음에도 패자부활전에서 올라온 멤버로 팀을 구성했다. 그리고 자신이 돋보일 수 있는 솔로부분에서도 후배에게 양보했다. 그런 배려의 모습에 많은 사람들이 감동했고 좋은 이미지가 생겨난 계기가 되었다. 배려 리더십의 진가를 보여준 것이다.

비단 경연대회만이 아니다. 우리는 본의 아니게 경쟁의 극한상황으로 내몰리곤 한다. 그런 상황에서 배려를 찾기란 결코 쉽지 않다. 하지만 배려는 단순한 양보나 동정심이 아니다. 상대방에 대한 존중은 기본이고 상생이라는 믿음이 없으면 불가능하다.

배려는 빼기가 아니다.

더하기도 아니다.

거듭제곱이다.

균형
리더십

누구든지 넘어지고 다쳐가며 자전거 타는 법을 배운다. 넘어지지 않으려면 넘어지는 쪽으로 핸들을 틀어야 중심을 잡는다. 새도 한쪽 날개로 날 수 없다. 너무 가까우면 찔리고 너무 멀면 외로운 고슴도치의 적정거리 사랑법이 필요하다. '알레그로 마 논 트로포(allegro ma non troppo, 빠르지만 지나치지 않게)' 연주법은 쉽지 않다. 어느 사회든지 한쪽으로 쏠려 균형이 무너지면 존립할 수 없다. 사람 관계에도 균형이 필요하다.

모 프로그램에서 영탁은 "경연이 잘 되기 위해서는 분위기가 좋아야 하기 때문에 방마다 독을 빼고 다녔다."라고 말했다. 개인적 영화로움을 추구하다 전체 균형이 무너지면 모두가 패자가 됨을 간파한 것이다. 그 결과 서로의 부족함을 채우고 완결성은 극대화 되어 모두가 상생하는 해피엔딩이 가능하게 되었다. 그리고 경연 후에도 팀 분위기는 화기애애했다. 하지만 그런 분위기는 저절로 만들어진 게 아니다. 균형감각을 갖춘 키 맨의 보이지 않는 노력이 있었기에 가능했다. 나 자신만을 드러내는데도 부족한 세상에서 경쟁자를 응원하면서 전체의 균형을 잡는 노력은 일반적이지 않은 특이한 케이스다.

거대한 배가 안정적으로 항해하려면 평형수가 있어서 균형을 잡아야 한다. 균형을 잡은 배는 어떤 상황에서도 버틸 수 있는 복원력을 갖추게 된다. 출연하는 거의 모든 프로에서 영탁은 평형수처럼 균형을 잡는 역할을 자청한다. 그리하여 훨씬 안정되고 집중도를 높여 준다. 어떤 광고 문구처럼 '소리 없이 세상을 움직이는' 영탁의 치우치지 않는 균형 리더십은 보기 좋고 흐뭇한 풍경이다.

빨리 가려면 혼자 가고,

멀리 가려면 함께 가라.

– 아프리카 격언

끈기
리더십

'우후죽순(雨後竹筍)'이란 말이 있다. 뿌리 속에서 오랫동안 담금질 하던 대나무 순은 적정한 때를 맞이하면 폭풍성장을 한다. 동굴 속에서 마늘과 쑥을 먹으며 인내한 곰이 마침내 사람이 되었다는 설화도 있다. 참고 인내하면 마침내 크나큰 성공을 이룬다는 의미를 담고 있다. 성공에 관한 조언 중에 "수년 후 성공한 자신의 모습을 끈기 있게 기다릴 수 있어야 한다."는 말도 있다. "인내란 쓰지만 성공의 열매는 달다."는 말은 너무나 익숙하지만 실천하기는 쉽지 않다.

　똑똑한 외국인과 국내 연예인이 퀴즈대결을 하는 프로에
서 영탁은 10단계까지 올라 우승을 차지했다. 그 단계까지
오른 내국인이 손꼽을 정도라니 그 실력이 보통은 아니다.
예전에 1단계에서 탈락한 후 팬들과 수시로 초성퀴즈를 주
고 받는 등 노력하고 실력을 키워 마침내 최고의 자리에 오
른 것이다. 끈기로 똘똘 뭉친 영탁의 참 모습을 볼 수 있다.
　꾸준하게 준비하고 때를 기다리는 끈기는 현대 사회에서
도 여전히 유효한 성공 요소이다. 우후죽순과 같은 자연 현
상은 15년 동안 끈기 있게 노력하여 마침내 꽃을 피운 영탁
의 모습과 닮았다. 영탁의 좌우명에 '무인불승'(無忍不勝)이
있다. 아마도 성공을 갈망하며 길고도 힘든 무명생활을 버
텨온 자기 암시일 것이다. 돈이 생기면 쌀부터 샀다는 말에
서 인내하며 실력을 쌓아온 삶의 여정이 눈 앞에 그려진다.
최근의 연이은 성공들이 그가 꿈꾸던 종착역은 결코 아닐
것이다. 오히려 그에게는 작은 성공보다는 자신이 하고 싶
은 일을 즐겁게 하는 것이 더 소중할 것이다. 그리하여 희
망을 잃지 않고 성공을 만들어 가는데 있어 많은 사람들에
게 롤 모델이 될 것이다.

桐千年老 恒藏曲
(동천년로 항장곡)
오동나무는 천년이 지나도 제 가락을 간직하고

梅一生寒 不賣香
(매일생한 불매향)
매화는 추위에 굴복하여 향기를 팔지 않는다.

– 신흠 (申欽/1566~1628), 조선 중기 문인

공감
리더십

중국 춘추시대 고사에서는 '지음(知音)'이란 말이 나온다. 백아가 거문고를 타면 종자기는 옆에서, "참으로 근사하다."며 인정해 주었다. 자신을 알아주던 친구가 죽자 백아는 줄을 끊고 다시는 거문고를 타지 않았다고 한다. 자신의 거문고 소리를 들어 줄 사람이 없었기 때문이다. 나를 알아주고 인정해 주는 존재가 있다는 게 얼마나 소중한가. 우리에게 필요한 것은 식량만이 아닌 공감과 찬사이다.

　사람의 욕구 중에 가장 최고의 단계는 타인에게 인정받고 싶은 욕구이다. 요즘처럼 소외되고 외로운 사회에서는 공감하고 인정해 주는 리액션이 더욱 필요하다. 경이로운 시청률로 기록된 〈미스터트롯〉에서 끊임없이 카메라의 조명을 받은 참가자가 있었다. 다름 아닌 영탁이다. 그는 상황에 맞는 적절한 멘트와 지칠 줄 모르는 리액션으로 언제나 화제의 중심에 있었다. 이후 출연한 여러 프로그램에서 그의 공감과 리액션의 진가는 더욱 빛났다. 프로그램을 더욱 풍성하고 현장감 있게 만드는 감초역할을 한 것이다.

　경연이 끝난 지금도 한결같이 거의 모든 프로그램에서 너무도 자연스럽게 코디네이터 역할을 하고 있다. 나를 알아주고 인정해주는 존재가 있다는 게 얼마나 소중한가. "칭찬은 고래도 춤추게 한다."고 한다. 누군가에게 응원을 보내고 힘을 보태는 것은 사랑의 실천이고 인간만이 표현할 수 있는 최고의 선물이다. 무명의 기나긴 터널을 지나 본격적인 성공 궤도에 오른 영탁에게는 공감 역량이 이미 자리잡고 있었다. 앞으로 어느 분야에서 또 어떻게 그의 역량이 발휘될지 무척 궁금하고 기대된다.

공감하고 리액션하는 건
가성비 최고의 선물이다.

올바른 팔로워가
결국 올바른 리더가 된다.

PART 02
딱 마케팅

MARKETING PLAN

chapter 01

MARKETING PLAN

영탁이
완전 딱이야

"마케팅"은 제품을 생산자로부터 소비자에게 원활하게 이전하기 위한 기획 활동이다. 시장 조사, 상품화 계획, 선전, 판매 촉진 따위가 있다.

– 〔네이버 지식백과〕

마케팅은 자본주의 사회에서 꽃이자 뿌리라고 한다. 기업의 운명은 물론이고 개인의 삶에서조차 마케팅의 영향력은 상상 이상이다. 일반적으로 마케팅 전략에서는 마케팅 4P(제품, 유통, 촉진, 가격)를 통해 어떻게 해야 하는지 계획을 세운다. 이 과정에서 마케팅 문제 및 사업 문제에 대하여 SWOT(강점, 약점, 기회, 위협) 분석과 STP(시장세분화, 목표시장 설정, 포지셔닝) 분석이 동원된다. 지금까지 연구하여 수립된 마케팅 전략과 법칙만 해도 수십 가지가 넘는다. 그러한 마케팅 전략은 거의 모든 분야에 걸쳐서 교과서처럼 사용되고 있다.

마케팅의 완결판이라고 하는 광고시장에서 최근 각광받는 그룹이 있다. 바로 성공적인 경연으로 주가를 올린 〈미스터트롯〉 출신의 트롯맨들이다. 그들은 어떤 때는 집단적으로, 또 다른 경우에는 개인적인 캐릭터를 발휘하여 광고시장을 흔들고 있다. 그 중에서 영탁은 발랄하고 밝은 이미지로 광고업계의 유망주로 떠오르고 있다. 자신의 이름과 같은 '영탁 막걸리'를 비롯하여 건강음료, 화장품, 세제 등의 광고 모델로 연이어 등장하고 있다. 전 세대를 아우르는 밝고 열정적이며 톡톡 튀는 이미지는 광고주들과 일반 소비자의 시선을 사로잡았다. 상품에 맞는 이미지를 연구하여 적용하는 것은 물론, 포인트를 잡아 직접 광고카피를 쓰기도 하는 등 적극적인 노력으로 프로다운 전문성을 보여준다. 나아가 자신의 SNS를 활용한 적극적인 제품홍보 활동에도 정성을 다하는 모습을 보인다. 마케팅에 대한 기본 마인드에다 구체적인 스킬까지 꾸준히 연구해온 노력의 성과물인 셈이다.

영탁은 대학시절 언론정보, 특히 광고분야를 공부한 이력을 갖고 있다. 그리고 15년의 무명생활 동안에도 꾸준히 실력을 키우고 자신을 브랜드로 키우는 일에도 소홀하지 않았다. 남들이 봐주지 않아도 긍정적인 마인드로 자신의 캐릭터를 부지런히 만들어 온 기록들이 곳곳에서 불쑥 튀어 나오고는 한다. 언젠가는 알아줄 자신의 캐릭터를 잘 가꾸고 개인을 브랜드로 만들어 온 것이다. 그리고 마침내 올라운더로 화려하게 꽃을 피우고 있다. 그의 성장과 성공의 모습은 마케팅적 측면에서 충분히 분석해 볼만한 가치가 있다. 어쩌면 케이스 스터디(사례 연구) 대상이 되기에 충분하다. 그의 성공 이면에 감춰진 마케팅적 요소를 찾아 본보기로 삼는다면, 우리 모두가 성공하는데 큰 도움을 얻을 것으로 확신한다.

MARKETING PLAN

7가지
향기로운
마케팅

이번 장에서는 마케팅 전략에서 대표적인 7가지 법칙을
통해 영탁의 마케팅적 가치와 의미를 찾아보기로 한다.

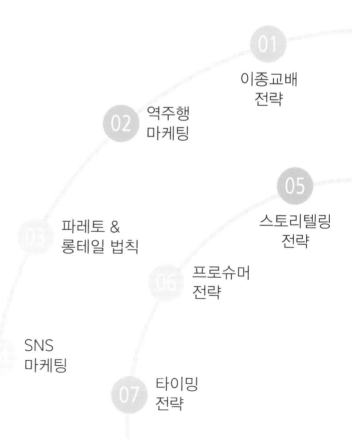

01 이종교배
전략

02 역주행
마케팅

05 스토리텔링
전략

03 파레토 &
롱테일 법칙

06 프로슈머
전략

SNS
마케팅

07 타이밍
전략

이종교배
전략

한 종류의 생물에서 다른 형질을 가진 개체를 상호 교배 시키는 것이나 다른 종의 생물 사이에서 교배시키는 것이 '이종교배'이다. 최근 산업계에서 영역이 서로 다른 기업들이 손잡고 신사업을 추진하는 '이종교배' 전략이 눈에 띄게 늘고 있다. 또한 식품업계에서도 고정관념을 뛰어넘는 제품 개발이 이어지고 있다. 예상치 못한 맛의 조합을 통해 밀레니얼 세대의 호기심을 얻게 되고, 소셜 미디어를 비롯한 온라인에서 화제가 되면 브랜드 인지도 가 올라가는 효과 또한 얻게 되는 것이다.

모든 분야에도 적용되지만 마케팅 분야에서도 '완전히 새로운 것은 없다.'고 말한다. 섞어야 맛이 나는 비빔밥처럼 기능하나 추가했을 뿐인데 대박 난 제품들이 많다. 4차 산업시대 마케팅의 핵심 키워드는 본래의 영역을 벗어나 비비고 섞는 퓨전화이다. 가요계에서도 이종교배로 성공한 케이스가 있다. 바로 영탁이다. 그는 발라드에서 시작해 알앤비를 섭렵했다. 심지어 째즈를 연구하여 석사학위까지 받은 그였다. 마침내 리듬감 있는 트롯까지 접목하여 비빔밥처럼 오묘한 맛을 내는 자신만의 독특한 캐릭터를 완성했다. 어떤 노래든지 영탁이 부르면 그만의 독특한 스타일이 되고 만다. 그것은 복제가 불가능하고 창의적이다. 원곡 가수가 자신의 노래를 히트시켜 준 것에 공개적으로 감사한 적이 있을 정도다. 전혀 어울릴 것 같지 않은 각종 장르가 바탕이 되고 서로 화학 반응을 일으킨 결과 그만의 품격 있는 트롯이 나올 수 있었다.

영탁은 〈미스터트롯〉 경연 중 작곡가 미션에서 '찐이야'

를 불렀고 신선한 화제를 일으켰다. 베토벤의 '엘리제를 위하여' 멜로디를 바탕으로 한 센스있는 젊은 작곡가의 신곡이었다. 영탁은 이 곡을 통해 대세를 굳히게 되었는데, 클래식이나 발라드를 기반으로 한 트롯의 이종교배를 완벽하게 실현하는 무대였다. 음악의 어떤 분야이든 결국은 사람의 마음을 움직이는 힘을 가진다는 점에서는 공통적이다. 이런 측면에서 장르를 가리지 않고 섞어서 새로운 것을 만들어내는 영탁 스타일은 이종교배를 통해 효과를 극대화하는 마케팅의 모범사례라 할 수 있다. 또한 다양한 현대사회에서 꼭 필요한 것이 이종교배 마케팅 전략임을 다시금 확인하는 계기가 되기도 한다.

하늘아래 새로운 것은 없다.
아이디어는 새로운 것이 아닌 조합의 산물이다.

역주행
마케팅

가요계에서 역주행으로 성공한 사례는 많다. 어떤 가수
는 10년 만에 재소환되어 광고모델까지 했고, 그동안
번 것보다 많은 수입을 단기간에 이뤘다. 또한 '깡'은
조롱의 밈(인터넷상 놀이문화)을 전화위복 기회로 삼아
차트 역주행을 이뤄냈다. 인기곡 '아모르 파티'도 묻혀
있다가 어느 대학축제에서 빵 터졌고, 영탁의 '니가 왜
거기서 나와' 또한 3년 만에 날개를 달았다. 이들 모두
는 발매 당시 크게 조명 받지 못하다 시간이 흘러 재미
있는 커버와 짤로 재탄생되면서 네티즌들 사이에 유행
이 된 역주행 사례이다.

인간은 엄청난 경쟁과 선택을 받아 태어난 존재들이다. 무려 조 단위의 경쟁을 통해 승리하여 태어난 최강 유전자의 결과물이다. 다만 적절한 타이밍과 기회를 얻지 못하여 성공 대기자 목록에 이름을 올려놓고 순서를 기다리는 중이다. 수 많은 연구와 개발과정을 거쳐 완성된 제품들도 모두 선택 받은 소중한 존재들이다. 하지만 때와 기회를 얻지 못해 성공하지 못하고 사라진 아이템이 어디 한 둘인가. 하지만 지성이면 감천이라 했던가. 아무리 멀어도 맛 집은 고객들이 알아서 찾아온다. 마케팅 채널이 다양해진 것만큼 홍보할 기회는 늘어났고 성공할 가능성은 높아졌다.

15년 만에 제대로 된 빛을 본 영탁의 사례는 마케팅 관점에서 시사하는 바가 매우 크다. 영탁은 무명 시절에도 꾸준히 좋은 곡을 만들고 노래해 왔지만 별로 두각을 나타내지는 못했다. 하지만 〈미스터트롯〉 경연을 통해 관심을 받게 되자 숨어있던 주옥같은 곡들이 재소환 되기에 이르렀다. 그리고 마침내 그 가치를 알아보고 인정해 주는 사람이 늘어났고, 올 라운더가 되어 성공의 반열에 오르게 되었다. 그의 노래와 함께 인생 또한 역주행하며 재평가를 받은 것이다.

역주행으로 성공한 마케팅 사례들은 무수히 많다. 꺼진 불도 다시 살리면서 기회를 찾아 노력해야 한다. 반드시 쥐구멍에도 볕들 날이 온다. 절대 포기하지 말고 끈기 있게 꾸준히 자신의 길을 가야 하는 이유이다.

태산은 한줌의 흙도 사양하지 않았고
큰 바다는 실개천의 물도 가리지 않았다.

– 사마천 〈史記〉 이사열전

파레토 &
롱테일 법칙

사회현상을 설명할 때 80:20의 비율을 보인다는 것이 파레토와 롱테일 법칙이다. 파레토 법칙은 상위 20%의 중요성을 강조하는 것이고, 롱테일 법칙은 나머지 80%의 중요성을 강조한 것이다. 이런 법칙의 사례들은 마케팅 뿐만 아니라 경제, 사회심리 등에서도 적절히 활용되고 있다.

소품종 대량생산이 파레토적인 시대라면, 다품종 소량생산은 롱테일적인 시대이다. 기본적인 파레토 법칙의 영역은 유지될 수밖에 없지만, 미래로 갈수록 롱테일 법칙의 영역이 확대될 것이다. 머리든 꼬리든 버릴게 하나도 없다. 모두 소중하다.

　일반적으로 마케팅에서는 충성고객을 확보하고 열혈 팬에 집중하려는 경향이 강하다. 지속적이고 비중있게 소비가 이뤄지기 때문일 것이다. 반대로 잡은 물고기는 관심 밖이고 지나가는 물고기에게만 밑밥을 남발하는 경우도 많다. 하지만 상위 20%에게 집중하는 것은 당연하고, 남은 80%에게도 정성을 기울여야 하는 것이 현대적 마케팅의 전략이다. 10여 년 전만해도 가수가 음반을 발매하면 팬들이 구매함으로써 매출이 발생했다. 그리고 그 인기를 기반으로 공연을 통해 추가 수입을 얻는 패턴이었다. 하지만 지금은 시장의 판도가 바뀌었다. 지금은 상위 20% 열성고객 대상의 음반판매나 공연에 의존하던 과거보다 훨씬 다양하고 스피디하다. 음원수입과 확장성을 고려한 다양한 방식으로 깨알같은 수입을 얻어야 하는 롱테일 방식을 간과해서는 안 된다. 더구나 복잡다단한 초스피드 시대에서 유아독존은 불가능하다. 서로 도와주면서 함께 성장하지 않고서는 지속적인 생존을 유지하기란 거의 불가능하다.

영탁은 자신의 곡으로 팬들에게 다가가 정성을 다한다. 거기에다 남의 노래 또한 함께 홍보해주고 기꺼이 디딤돌이 되어주는 것에 주저하지 않는다. 그것은 잡아둔 물고기는 물론이고 지나가는 물고기도 소홀하지 않는 하이브리드 방식이다. 또한 파레토와 롱테일 법칙을 동시에 구사하는 현대적 마케팅의 모범사례라 아니할 수 없다.

"Rome was not built in a day!"
로마제국은 한 순간에 이뤄진 게 아니다.

– 세르반테스, 〈돈키호테〉 작가

04 JASMINE

SNS 마케팅

SNS를 활용한 마케팅은 소셜 미디어 플랫폼과 웹사이트를 사용하여 제품이나 서비스를 홍보하는 것이다. 즉, 유튜브, 인스타그램, 트위터, 페이스북, 블로그, 카페, 브이로그 등 수많은 소셜 미디어를 활용하는 마케팅 전략을 말한다.

SNS마케팅은 TV, 신문, 잡지 등과 같은 전통적인 대중 매체로 광고나 홍보를 했던 기존 방식과는 개념이 다르다. 사용자 사이의 관계를 형성하는 웹 기반 플랫폼인 SNS를 활용하여 고객들과 소통하는 쌍방향 마케팅 전략인 것이다. 이를 활용하지 못하면 뒤처지는 세상이다.

거의 모든 기업들은 고객과의 끊임없는 신뢰를 쌓기 위해 노력한다. 고객들과 소통하고 공유하면서 잠재고객을 열성고객으로 육성한다. 현재고객 뿐만 아니라 심지어 잠재고객에까지 주저없이 투자하는 것이다. 진정성 있는 SNS마케팅은 일방적인 올드 매체인 TV, 신문, 잡지 등에 광고하는 것보다 비용도 적게 들고 훨씬 효과적이다. SNS는 사회적 관계망을 통해 형성된 신뢰를 기반으로 한다. 내가 좋아서 하는 일이지 누가 시키거나 단순하게 수입을 목적으로만 하는 일이 아니다.

영탁은 별로 이름이 알려지지 않았던 수년 전부터 SNS를 통해 팬들과 꾸준히 소통해 왔다. 신곡을 발표할 때는 해당 곡의 제작과정을 반드시 SNS를 통해 공개한다. 또한 광고를 찍을 때면 해당제품을 구매하고 사용하는 모습을 자신의 SNS계정을 통해 있는 그대로 보여준다. 수십 만의 회원들이 기대 속에서 소식을 기다린다고 하니 거의 일상 생활이 된 것이다. 무명시절에 영탁이 올린 자료들은 돌이킬 수 없는 역사의 기록이 되어 지금도 남아 있다. 단순히 보여주기 위한 것이 아닌 팬들과 소통하는 창구로 이미 활용하고 있었음을 알 수 있다. 영탁의 SNS마케팅은 조직력을 갖춘 웬만한 기업들과 비교해도 손색이 없다. 풍부한 콘텐츠에다 열정적인 활용 수준은 1인 미디어라고 믿기지 않을 정도이다. 거기에다 올드 매체까지 가세하는 형국이 되어 마케팅의 효과는 극대화 되고 있다. 4차산업시대에 맞는 종합적인 마케팅 모범사례로 인정하기에 부족함이 없을 것이다.

모세혈관에 깊숙이 스며들게 하라.
SNS시대에서는
작은 디테일이 큰 힘을 발휘한다.

스토리텔링
전략

스토리텔링은 기업이나 브랜드가 마케팅을 할 때, 고객의 감성을 유도하기 위해서 활용한다. 원래 스토리텔링은 말 그대로 스토리, 텔링 즉 이야기를 들려준다는 뜻이다. 사람들에게 내가 전달하고 싶은 것을 더 재미있고 오래 기억할 수 있도록 이야기로 만들어서 전달하는 것이다. 내가 전하고 싶은 메시지에 이야기가 연결되면 상대방의 뇌리 속에 강하게 남게 된다. 즉, 보다 효과적으로 내가 하고 싶은 말을 전달하는 마케팅 기법이 스토리텔링 전략인 것이다.

　　단순한 상품에 스토리가 입혀지면 구매자들의 마음 속에 더욱 강하게 남아 있게 된다. 그리고 구매 단계를 넘어 체험 마케팅으로 이어진다. 드라마가 히트하면 촬영지가 관광지가 되고 주인공이 사용한 소품들이 불티나게 판매된다. 〈겨울연가〉 촬영지 '남이섬', 〈도깨비〉를 촬영한 '강릉해변'이나 〈동백꽃 필 무렵〉의 촬영지였던 '포항 구룡포' 등은 드라마를 직접 느껴보고 싶어 찾아오는 순례객들로 문전성시를 이룬바 있다.

　　영탁의 스토리는 이미 많은 부분들이 알려져 있다. 하지만 파도파도 끊임없이 나오는 그의 새로운 스토리와 SNS를 통해 남아있는 스토리텔링 기록들은 즐비하다. 열혈 팬들도 전혀 몰랐던 숨어 있는 사실을 발견하고 깜짝깜짝 놀란다고 한다. 특히 무명시절에 열악한 환경임에도 청중 한 사람 한 사람에 대한 진지한 모습들은 유튜브 곳곳에 기록으로 남아서 재소환되고 있다. 그런 깨알같은 풍성한 스토리텔링은 재미를 주는 것은 물론이고 팬들의 몰입도를 올려준다. 그리하여 일반적인 관심에서 출발하여 찐팬이 되는데 기폭제 역할을 한다. 스토리의 힘과 가치는 이미 마케팅에서 중요한 요소로 자리 잡았다. 영탁의 경우에서도 스토리의 힘이 보석이 되는 가치가 있음을 확인할 수 있다. 스토리텔링 마케팅의 사례로 연구해 볼만한 가치가 충분하다.

간단하게 만들고 기억하게 만들어라.
시선을 끌게 만들고 재미있게 만들어라.

– 레오버넷, 전설적 광고기획자

프로슈머
전략

프로슈머(Prosumer)란 앨빈 토플러가 〈제3의 물결〉에서 언급한 공급자(Producer)와 소비자(Consumer)를 합성한 용어다. 소비는 물론 제품개발과 유통과정에도 참여하는 '생산적 소비자'에 주목하는 마케팅 전략이 '프로슈머 마케팅'이다.

현대의 디지털 시대는 생산자가 곧 소비자이고, 소비자가 곧 생산자인 프로슈머 시대이다. 이제 프로슈머 마케팅은 기업 생존전략은 물론 개인 브랜드의 성공을 위해서도 필수적인 키워드가 되었다.

작곡자이자 가수이며 남의 노래도 빛나게 해주는 올 라운더. 영탁을 일컬어 지칭하는 말이다. 지금은 팔방미인이 되어야 살아남을 수 있고 성공할 수 있는 시대이다. 생산자이자 동시에 좋은 소비자가 되어야 생존할 수 있는 프로슈머 시대인 것이다. 모두가 생산자이자 동시에 소비자인 융복합의 시대이다. 영탁은 신곡을 발표하는 후배들이 있을 때면 리트윗을 통해 자신의 것보다 더 열심히 홍보해 준다. 충성스런 팬처럼 기꺼이 소비자의 대열에 참여하는데 주저하지 않는다. 그리고 자신의 곡이 발표될 때면 그 제작과정의 소소한 장면들을 자신의 SNS를 통해 공지를 한다. 그리하여 제작 과정에서 어떤 에피소드가 있었는지를 제작 발표회처럼 팬들과 공유한다. 그리고 팬들의 반응을 통해 자신의 생각의 좌표를 확인하고 부족한 점을 체크한다. 작사, 작곡은 물론이고 코러스와 댄싱까지 전 프로듀싱 과정을 생산자이자 소비자의 입장에서 소화해 내는 것이다.

그는 소비자이면서 동시에 생산에 적극 참여하고 반영하는 과정을 거친다. 그리하여 구체적이고 생활 언어를 담은 작품들이 탄생하고 입체적으로 소비되는 선순환의 과정을 밟는 것이다. 바로 4차산업의 특징인 융복합적 시대를 앞서가고 실천하는 모습이 아닐까 생각된다.

"혼자서 빛나는 별은 없어.
별이 반짝이는 건
서로 그 빛을 반사하기 때문이거든."

– 영화 〈라디오스타〉 중에서

타이밍
전략

노래 한 곡이 이 정도로 큰 영향을 미칠 줄이야. '막걸리 한잔'은 〈미스터트롯〉 경연 당시 영탁이 일대일 데스매치에서 부른 곡이다. 이 노래로 인해 막걸리는 사람들의 입소문을 타고 국민 술로 인식 되었다. 광고모델 사진까지 새겨진 '영탁 막걸리'는 젊은 사람들의 취향을 공략하기 위해 탄산을 가미해서 탁함의 단점을 극복했다고 한다. 적절한 타이밍에다 고객의 성향을 파악하여 반영한 '영탁 막걸리'는 마케팅의 전 과정이 총망라된 종합판이다.

    타이밍은 시의적절한 작품을 생산해야 하는 연예계에서
매우 중요한 테마이다. 타이밍에 맞는 상품을 개발하기 위
해서는 트렌드를 예측하고 소비자들의 욕구를 파악해야 한
다. 오늘날의 소비자들은 한 가지 트렌드에 오랫동안 집중
하지 않는다. 따라서 짧은 시간에 소비자들의 관심을 끌어
내어 노출을 극대화 하는 것이 필요하다. 즉, 트렌드에 맞
는 가사를 담고 리듬을 넣어 작곡하고 가수의 보이스를 넣
어 작품을 완성해야 한다. 3분 내에 녹여 내는 음악작품은
곡의 완성도 만큼이나 시대흐름과 적절한 타이밍에 마케팅
이 녹아 들어야 히트곡이 될 수 있다.
    영탁이 쓴 가사들을 보면 가볍게 빨리 변하는 사회의 트
렌드를 캐치하고 있다. 그럴 수도 있겠다며 공감 가는 내용
에 생활형 언어로 구성 되었다. '읽씹 안읽씹', '니가 왜 거
기서 나와', '누나가 딱이야' 등은 유행어를 가사로 활용하
여 친근하게 다가 온다. 하지만 사회의 중요한 단면을 진정
성 있게 반영하고 있다. 그리고 자신의 트레이드마크인 발

랄한 멜로디는 여전히 즐겁고 경쾌하여 세대를 관통하는 매력이 있다. 거기에 가사 내용과 어울리는 아이돌급 안무는 거의 움직임이 없는 트롯의 한계를 극복하여 신선하게 다가온다. 또한 유튜브와 브이로그 등을 통해 영상으로 쉽게 접할 수 있는 디지털 환경은 음원의 확산 속도를 높여주는 환경을 제공한다. 영탁의 가요활동을 관심 있게 보다보면 마케팅에서 타이밍이 얼마나 중요한지 새삼 느끼게 된다. 그리고 타이밍 기술이 어떻게 적용되어야 하는지를 실감나게 확인할 수 있다.

제품의 수명주기를 면밀히 살피는 것도 중요하다.
하지만 시장의 수명주기를 살피는 것이 더 중요하다.

– 필립 코틀러, 켈로그경영대학원 석좌교수

EPILOGUE

　요즘 거의 매일 등장하면서 대세로 떠오른 라이징 스타가 바로 영탁이다. 15년의 긴 무명생활을 보낸 사실이 믿겨지지 않을 만큼 놀라운 성장이다. 최근에는 '대세남'이란 별명이 추가 되었을 정도이다. 음악프로는 기본이고 예능, 드라마, 광고에까지 출연하고 있다. 자신의 이름에 얼굴까지 새겨진 막걸리에다 건강음료는 물론, 화장품과 세제에 이르기까지 익숙하게 소비되는 생활 속 캐릭터가 되었다.

　앞서 살펴본 대로 영탁의 성공 저변에는 리더십이 자리잡고 있었다. 거기에다 마케팅 마인드와 부지런한 실천을 통해서 놀랍고 새로운 캐릭터가 완성된 것이다. 리더가 시대를 만들기도 했지만, 이제는 시대가 리더를 만드는 세상이다. 시대를 탓하지 않고 꾸준하고 성실하게 자신의 길을 걸어온 영탁, 이제는 시대에 맞춰 재탄생하게 된 그의 성공에 대해 아낌없는 찬사를 보낸다. 그리고 앞으로 무한변신을 통해 놀랍고도 무궁한 발전이 계속되길 기대한다.

  '선한 영향력'은 어느 샌가 우리 사회의 화두로 자리 잡았다. 스타를 중심으로 형성된 팬덤을 사회로까지 승화시켜 긍정적 효과를 만드는 현상을 의미한다. 과거에는 스타와 팬의 일방적인 관계가 거의 전부였다. 또한 스타에 대한 팬들의 메아리 없는 아우성에 그쳤었다. 하지만 리더십의 변천 과정에서 본 것처럼, 지금은 대등하고 쌍방향으로 소통 방식이 바뀌고 있다. 특히 4차산업시대에는 기술의 발전으로 대중들이 참여하고 인정받을 수 있는 기회가 많아졌다. 스타와 대중들을 묶어주고 유익한 방향으로 이끌어주는 선한 영향력은 중요한 사회적 자산이 되었다. 그리고 스타와 팬들의 선한 영향력을 통해 우리 사회는 따뜻한 정이 흐르는 행복한 공간이 될 것이다.

  희망을 잃은 사회는 미래가 없다. 특히 젊은 층의 좌절과 절망은 사회적으로도 심각한 문제이다. 그런데 젊은이들에게 진정한 성공이 무엇인지를 깨닫게 해 준 롤 모델이 바로 영탁이다. 그는 성공이 보장된 듯한 쉽고 확실한 길을 따라 가지 않았다. 오히려 어렵고 외롭지만 정말 하고 싶고 보람 된 길을 가는데 주저하지 않았다. 하나 둘씩 자신의 가치를 알아주는 사람들이 늘어났고, 드디어 분야를 가리지 않고 불쑥 나타나는 대세남이 되기에 이르렀다. 마침내 인정받 는 존재가 되어 매일 생일처럼 즐겁고 보람된 나날을 보내 고 있다. 그는 젊은이들에게 실패를 두려워하지 말고 기꺼 이 도전하라고 손짓하고 있다. 희망을 잃은 것에 익숙한 젊 은이들에게 힘과 용기가 되는 롤 모델이 되기에 충분하다. 앞으로 우리 사회가 영탁처럼 과감히 도전하여 성공하는 젊은이들로 넘쳐나길 기대한다.

찐 리더십
딱 마케팅

초판 1쇄 · 2020년 7월 17일

지은이 · 형민진
기   획 · ㈜봄봄미디어
펴낸곳 · 봄봄스토리
등   록 · 2015년 9월 17일(No. 2015-000297호)
이메일 · bombomstory@daum.net

ISBN 979-11-89090-35-7(03320)
값 13,500원